Margerite

Anatole France

(Übersetzer: J. Lewis May)

Writat

Diese Ausgabe erschien im Jahr 2024

ISBN: 9789359949833

Herausgegeben von
Writat
E-Mail: info@writat.com

Inhalt

VORBRIEF

Veröffentlichen Sie Marguerite, lieber Monsieur André Coq, wenn Sie es wünschen, aber beten Sie, entbinden Sie mich von jeglicher Verantwortung in dieser Angelegenheit.

Es würde auf zu viel literarischen Hochmut von meiner Seite hindeuten, wenn ich darauf bedacht wäre, es wieder ans Tageslicht zu bringen. Das wäre vielleicht ein Argument, umso mehr, wenn ich mich bemüht hätte , es im Dunkeln zu halten. Es wird Ihnen nicht gelingen, es der ewigen Vergessenheit, zu der es bestimmt ist, für lange Zeit zu entreißen. Ja, wie alt ist es! Ich hatte jede Erinnerung daran verloren. Ich habe es gerade ohne Angst oder Gunst durchgelesen , wie ich es bei einem mir unbekannten Werk tun sollte, und es scheint mir nicht, dass ich auf ein Meisterwerk gestoßen bin. Es ziemt sich nicht, mehr darüber zu sagen. Das einzige Vergnügen, das ich beim Lesen hatte, war der Beweis, den es lieferte, dass ich selbst in jenen fernen Tagen, als ich diese kleine Kleinigkeit schrieb, kein großer Liebhaber der Dritten Republik mit ihren kniffligen Tugenden, ihrem militaristischen Imperialismus war. seine Eroberungsgedanken, seine Liebe zum Geld, seine Verachtung für das Kunsthandwerk, seine unerschütterliche Vorliebe für das Unschöne. Seine Führer lösten bei mir schreckliche Bedenken aus. Und das Ereignis hat meine Befürchtungen übertroffen.

Aber es war nicht meine Absicht, mich lächerlich zu machen, indem ich Marguerite als Text für Verallgemeinerungen zur französischen Politik des späten 19. und frühen 20. Jahrhunderts heranzog.

Die Schriftexemplare und Holzschnitte, die Sie mir gezeigt haben, versprechen ein sehr schönes Büchlein.

Glauben Sie mir, lieber Monsieur Coq,

Dein,

Anatole Frankreich.

La Béchellerie , 16. April 1920.

5. Juli

Als ich an diesem Nachmittag um fünf Uhr das Palais-Bourbon verließ, freute es mein Herz, die sonnige Luft einzuatmen. Der Himmel war trüb, der Fluss glänzte, das Laub war frisch und grün. Alles schien eine Einladung zum Nichtstun zu flüstern. Entlang der Pont de la Concorde, in Richtung Champs-Élysées, rollten immer wieder Victorias und Landaus vorbei. Im Schatten der heruntergelassenen Kutschenhauben leuchteten die Gesichter der Frauen klar und strahlend, und ich verspürte ein prickelndes Vergnügen, als ich zusah, wie sie an mir vorbeizogen wie Hoffnungen, die in endloser Folge verschwanden und wieder auftauchten. Jede vorbeigehende Frau hinterließ bei mir einen Eindruck von Licht und Duft. Ich denke, ein Mann, wenn er weise ist, wird nicht viel mehr verlangen als das einer schönen Frau. Ein Glanz und ein Parfüm! So manche Liebesaffäre hinterlässt noch weniger. Darüber hinaus hätte ich an diesem Tag, wenn Fortuna selbst mit drehendem Rad vor meiner Nase über das Pflaster der Pont de la Concorde gelaufen wäre, nicht einmal einen Arm ausgestreckt, um sie an ihrem goldenen Haar zu packen. An diesem Tag fehlte es mir an nichts; alles gehörte mir. Es war fünf Uhr und ich hatte bis zum Abendessen frei. Ja, kostenlos! Die Freiheit, nach Belieben zu schlendern, zwei Stunden lang entspannt zu atmen, den Dingen zuzuschauen und nicht reden zu müssen, meinen Gedanken freien Lauf zu lassen, wie ich es aufgelistet habe. Alles gehörte mir, sage ich noch einmal. Mein Glück machte mich zu einem egoistischen Mann. Ich betrachtete alles um mich herum, als wäre es ein Bild, ein prächtiges, bewegendes Schauspiel, arrangiert für mein ganz besonderes Vergnügen. Mir kam es vor, als würde die Sonne nur für mich scheinen, als würde sie zu meiner besonderen Befriedigung ihre Flammenströme über den Fluss ergießen. Irgendwie glaubte ich, dass dieses bunte Gedränge fröhlich um mich schwärmte, nur um meine Einsamkeit zu beleben, ohne sie zu zerstören. Und so hatte ich fast den Eindruck, dass die Menschen um mich herum ziemlich klein waren, dass ihre scheinbare Größe nur eine Illusion war, dass sie nur Marionetten waren; die Art von Gedanken, die ein Mann hat, wenn er nichts zum Nachdenken hat. Aber Sie dürfen in dieser Hinsicht einem armen Mann nicht böse sein, dessen Kopf seit zehn Jahren mit Politik und Gesetzgebung vollgestopft ist und der sein Leben mit diesen trivialen Beschäftigungen verbringt , die die Leute Staatsangelegenheiten nennen.

In der populären Vorstellung ist ein Gesetz etwas Abstraktes, ohne Form oder Farbe . Für mich ist ein Gesetz ein grüner Filztisch, Siegellack, Papier, Stifte, Tintenflecken, grün gefärbte Kerzen, in Kalbsleder gebundene Bücher, Papiere, die noch feucht von der Druckerei sind und alles nach Druckertinte riechen, Gespräche in grün tapezierten Büros , Akten, Dokumentenbündel, ein stickiger Geruch, Reden, Zeitungen; Kurz gesagt, ein Gesetz sind all die hundert und eine Sache, die hundert und eine Aufgabe, die man zu jeder Tageszeit erfüllen muss, die grauen und sanften Stunden des Morgens, die weißen Stunden des Mittags, die violetten Stunden des Abends, die stille, meditative Stunden der Nacht; Aufgaben, die dir keine Seele mehr hinterlassen und dir das Bewusstsein deiner eigenen Identität rauben.

Ja es ist so. Ich habe dort mein eigenes *Ego* hinter mir gelassen. Es ist zwischen allen möglichen Memoranden und Berichten verstreut. Fleißige Nachwuchskaufleute haben jeweils ein Päckchen davon in ihre schönen grünen Aktenkoffer gesteckt. Und so musste ich ohne mein *Ego weiterleben* , wie übrigens alle Politiker leben müssen. Aber ein *Ego* ist eine seltsam subtile Sache. Und Wunder über Wunder! Meins kam gerade auf der Pont de la Concorde zu mir zurück. Das war er ohne Zweifel, und er hatte, glauben Sie es, nicht so sehr unter seinem Aufenthalt in diesen muffigen Papieren gelitten. In dem Moment, als er ankam, fand ich mich wieder, ich erkannte meine eigene Existenz, deren ich mir zehn Jahre lang nicht bewusst gewesen war. „Ha ha !" sagte ich zu mir selbst: „Seitdem ich existiere, bin ich genauso froh, es zu wissen." Siehe, ich werde mich hier und jetzt daran machen, diese neue Bekanntschaft zu verbessern, indem ich mit den Gedanken eines Liebhabers im Herzen die Champs-Élysées entlangschlendere."

Und deshalb bin ich zu dieser Stunde hier unter den skulpturalen Rossen von Marly, übermütiger als diese aristokratischen Vierbeiner selbst; Deshalb betrete ich die Allee, deren Eingang durch ihre ständig in der Luft schwebenden Steinhufe gekennzeichnet ist. Die Kutschen strömen endlos vorbei, wie ein düsterer , funkelnder Lava- oder geschmolzener Asphaltstrom, auf dem die Hüte der Frauen wie Blumen getragen zu werden scheinen und wie alles andere, was man in Paris sieht, zugleich extravagant und hübsch sind. Ich zünde mir eine Zigarre an und schaue ins Nichts, sehe alles. Meine Freude ist so groß, dass es mir Angst macht. Es ist die erste Zigarre, die ich seit zehn Jahren geraucht habe. Oh ja, ich gebe zu, dass ich angefangen habe, bis zu zehn pro Tag in meinem Zimmer zu verbringen; aber die habe ich verbrannt, gebissen, gekaut und weggeworfen; Ich habe sie nie geraucht. Dieses hier rauche ich wirklich und wahrhaftig, und der Rauch, den es ausstößt, ist eine Wolke aus Poesie, die Anmut und Charme ausstrahlt. Was für ein Interesse ich an allem habe, was ich sehe. Diese kleinen Läden, die in regelmäßigen Abständen ihr buntes Warensortiment zur Schau stellen, erfreuen mich. Besonders hier ist eines, dessen Betrachtung ich nicht unterlassen kann. Was mir dort am meisten Freude bereitet, ist eine Karaffe mit Limonade darin. Die Karaffe spiegelt auf ihren polierten Seiten im Miniaturformat die Bäume um sie herum, die vorbeigehenden Frauen und den Himmel wider. Auf der Oberseite befindet sich eine Zitrone, die ihm eine orientalische Note verleiht. Allerdings sind es weder seine Form noch seine Farbe , die in meinen Augen den Reiz ausmachen; Ich kann meinen Blick nicht davon abwenden, weil es mich an meine Kindheit erinnert. Bei diesem Anblick strömen mir unzählige entzückende Szenen ins Gedächtnis. Noch einmal sehe ich diese strahlenden Stunden, diese göttlichen Stunden der frühen Kindheit. Ach, was würde ich nicht dafür geben, wieder der kleine Junge von damals zu sein und noch einmal ein Glas dieser kostbaren Flüssigkeit zu trinken!

In diesem kleinen Laden finde ich neben der Limonade und dem Stachelbeersirup noch einmal all die vielfältigen Dinge, an denen meine Kindheit Freude bereitete. Hier gibt es Peitschen, Trompeten, Schwerter, Gewehre, Patronentaschen, Gürtel, Scheiden, Säbel, all diese Zauberspielzeuge, die mir im Alter von fünf bis neun Jahren das Gefühl gaben, das Schicksal eines Napoleon zu erfüllen. Ich habe diese mächtige

Rolle gespielt , in meiner Zehngroschen-Soldatenausrüstung, ich habe sie von Anfang bis Ende gespielt und dabei nur Waterloo und die Jahre des Exils ausgelassen. Denn, merken Sie sich, ich war immer der Sieger. Auch hier gibt es farbige Drucke aus Épinal . Auf ihnen begann ich jene Zeichen zu buchstabieren, die dem Gelehrten ein paar schwache Spuren des mächtigen Rätsels offenbaren. Ja, der traurigste kleine Farbklecks , der jemals aus einem Dorf in den Vogesen kam, besteht aus Druck und Bildern, und was ist schließlich die Summe und Substanz der Wissenschaft anderes als nur Bilder und Druck?

Aus diesen Épinal- Drucken lernte ich viel Schöneres und Nützlicheres als alles, was ich jemals aus den kleinen Grammatik- und Geschichtsbüchern bekam, die mir meine Schulmeister zum Nachdenken gaben. Sie sehen, Épinal- Drucke sind Geschichten, und Geschichten sind Spiegel des Schicksals. Gesegnet ist das Kind, das mit Märchen aufgewachsen ist. Seine reiferen Jahre sollten sich als reich an Weisheit und Fantasie erweisen. Und sehen! Hier ist meine eigene Lieblingsgeschichte The *Blue Bird* . Ich erkenne ihn an seinem ausgebreiteten Schwanz. Er hat recht. Es ist alles, was ich tun kann, um zu verhindern, dass ich meine Arme um den Hals der alten Verkäuferin schlinge und ihre schlaffen Wangen küsse. Der Blaue Vogel, oh ich, was für eine Schuld schulde ich ihm! Wenn ich jemals in meinem Leben etwas Gutes bewirkt habe, dann ist das alles sein Verdienst. Immer wenn wir mit unserem Chef einen Gesetzesentwurf ausarbeiteten, schlich sich die Erinnerung an den Blauen Vogel in mein Gedächtnis inmitten der Unmengen an juristischen und parlamentarischen Dokumenten, die mich einengten. Damals dachte ich darüber nach, dass die menschliche Seele unendliche, unvorstellbare Wünsche enthielt Metamorphosen und heilige Sorgen, und wenn ich im Bann solcher Gedanken dem Satz nachgab, hatte ich die Chance, mich mit einem größeren, menschlicheren Sinn, einem zusätzlichen Respekt vor der Seele und ihren Rechten und vor der universellen Ordnung der Dinge zu beschäftigen , würde diese Klausel in der Kammer stets auf heftigen Widerstand stoßen. Die Ratschläge des Blue Bird setzten sich in der Ausschussphase selten durch. Einige schafften es jedoch, durch das Parlament zu kommen.

Jetzt merke ich, dass ich nicht der Einzige bin, der den kleinen Stand inspiziert: Ein kleines Mädchen ist vor der prächtigen Ausstellung stehengeblieben. Ich schaue sie von hinten an. Ihr langes, helles Haar fällt in Kaskaden unter ihrer roten Samtkapuze hervor und breitet sich über ihren breiten Spitzenkragen und ihr Kleid aus, das die gleiche Farbe wie ihre Kapuze hat. Es ist unmöglich zu sagen, welche Farbe ihr Haar hat (es gibt keine so schöne Farbe), aber man kann die Lichter darin beschreiben; Sie sind hell und rein und verändern sich, hell wie die Sonnenstrahlen, blass wie ein Strahl Sternenlicht. Nein, mehr als das: Sie leuchten, ja; aber sie fließen auch. Sie besitzen die Pracht des Lichts und den Charme angenehmer Gewässer. Ich denke, wenn ich ein Dichter wäre, würde ich so viele Sonette über diese Locken schreiben, wie M. José Maria de Heredia über die Eroberer von Castille d'Or komponiert hat. Sie wären nicht so fein, aber süßer. Das Kind ist, soweit ich es beurteilen kann, zwischen vier und fünf Jahre alt. Alles, was ich von ihrem Gesicht sehen kann, ist die Spitze ihres Ohrs, zierlicher als das zierlichste Juwel, und die unschuldige Rundung ihrer Wange. Sie rührt sich nicht; sie hält ihren Reifen in ihrer linken Hand; Ihre rechte Seite liegt an ihren Lippen, als würde sie in eifriger Betrachtung an ihren Nägeln kauen. Worauf blickt sie so sehnsüchtig? Der Laden enthält neben den Waffen und der Ausrüstung der kämpfenden Männer noch andere Dinge. An der Markise hängen Bälle und Springseile. Auf dem Stand stehen Babypuppen mit Körpern aus grauer Pappe, die wie Idole lächeln, so monströs und gelassen sie auch sind. Kleine Sechs-Pfennig-Puppen, gekleidet wie Dienstmädchen, strecken ihre Arme aus, kleine, gedrungene Ärmchen, die so dünn sind, dass der kleinste Lufthauch sie zum Zittern bringt. Doch das kleine Mädchen, dessen Haar aus flüssigem Licht besteht, hat keine Augen für diese Puppen und Marionetten. Ihre ganze Seele hängt an den Lippen einer wunderschönen Babypuppe, die sie scheinbar seine Mama nennt. Er hängt ganz alleine an einer der Stangen der Kabine. Er dominiert, er löscht alles andere aus. Sobald Sie ihn gesehen haben, sehen Sie nichts anderes als ihn.

Hoch aufgerichtet in seinen warmen Umhüllungen, mit einem kleinen Schwanenflaum unter dem Kinn, streckt er seine kleinen pummeligen Ärmchen aus, damit ihn jemand nehmen kann. Er spricht der kleinen Magd direkt aus dem Herzen. Er appelliert an sie mit jedem mütterlichen Instinkt, den sie besitzt. Er ist bezaubernd. Sein Gesicht hat drei kleine Punkte, zwei schwarze für die Augen und einen roten für den Mund. Aber seine Augen sprechen, sein Mund lädt Sie ein. Er lebt.

Philosophen sind eine rücksichtslose Rasse. Sie gehen an Puppen vorbei, ohne einen Gedanken daran zu verschwenden. Dennoch ist die Puppe mehr als die Statue, mehr als das Idol. Es findet seinen Weg zum Herzen der Frau, lange bevor sie eine Frau ist. Es gibt ihr den ersten Nervenkitzel der Mutterschaft. Die Puppe ist eine echte Sache. Warum kann einer unserer großen Bildhauer nicht so freundlich sein, sich die Mühe zu machen, Puppen zu modellieren, deren Züge, die unter seinen Fingern zum Leben erwachen, von Weisheit und Schönheit erzählen würden?

Endlich erwacht das kleine Mädchen aus ihrem stillen Tagtraum. Sie dreht sich um und zeigt ihre violetten Augen, die vor Staunen noch größer geworden sind, ihre Nase, die einen zum Lächeln bringt, wenn man sie betrachtet, ihre kleine Nase, ganz weiß, die an die schwarze eines kleinen Mopshundes erinnert, ihren ernsten Mund, ihren wohlgeformten Hintern zu zartes Kinn, ihre Wangen eine Spur zu blass. Ich erkenne sie. Oh ja! Ich erkenne sie mit dieser instinktiven Gewissheit, die stärker ist als alle Überzeugungen, die durch alle erdenklichen Beweise gestützt werden. Oh ja, das ist sie, das ist tatsächlich sie und alles, was von der bezauberndsten aller Frauen übrig geblieben ist. Ich versuche wegzueilen, aber ich kann sie nicht verlassen. Dieses Haar aus lebendigem Gold, es ist das Haar ihrer Mutter; diese violetten Augen, sie gehören ihrer Mutter; Oh, Kind meiner Träume, Kind meiner Verzweiflung! Ich sehne mich danach, dich in meine Arme zu nehmen, dich zu stehlen, dich fortzutragen.

Doch eine Gouvernante kommt, ruft das Kind und führt es weg: „Komm, Marguerite, komm mit, es ist Zeit, nach Hause zu gehen."

Und Marguerite, die dem Baby mit ausgestreckten Armen einen traurigen Abschiedsblick zuwirft, tritt widerwillig in die Fußstapfen einer großen, schwarz gekleideten Frau mit Straußenfedern auf dem Hut.

10. Juli

„Jean, bringen Sie mir Akte 117... Nun, Herr Boscheron , lassen Sie uns dieses Rundschreiben fertigstellen. Notieren Sie sich Folgendes: *Ich lenke Ihre besondere Aufmerksamkeit, M. le Préfet , auf den folgenden Punkt. Einem Missbrauch muss zum frühestmöglichen Zeitpunkt ein Ende gesetzt werden, der, wenn er andauert, dazu neigen würde – tendenziell – Ich weise Ihre besondere Aufmerksamkeit auf den folgenden Punkt hin, Herr le Préfet . Einem Missbrauch muss schnellstmöglich ein Ende gesetzt werden* . Nehmen Sie das auf, Herr Boscheron .

Aber Herr Boscheron , mein Sekretär, bemerkt respektvoll, dass ich immer wieder denselben Satz diktiere. Jean legt ehrerbietig eine Akte auf meinen Tisch.

„Was ist das, Jean?“

„Aktenzeichen 117. Sie haben mich gebeten, es zu holen, Sir.“

„Ich habe Sie um Aktenzeichen 117 gebeten?“

"Jawohl."

Jean wirft mir einen besorgten Blick zu und zieht sich zurück.

„Wo waren wir, Herr Boscheron ?“

„Einem Missbrauch muss so schnell wie möglich ein Ende gesetzt werden . . . .“

„Das ist richtig ... *ein Missbrauch, der tendenziell dazu führen würde, den Respekt der Bevölkerung vor Regierungsbeamten zu verringern und zu verändern* ... zu verändern, was für eine Fülle an verborgenen Dingen dieses Wort verbirgt. Ich kann es nicht einmal aussprechen, aber eine Welt von Ideen und Gefühlen drängt sich durcheinander und dringt in die geheimen Winkel meines Wesens ein.“ „Ich bitte um Verzeihung, Monsieur?“ „Was haben Sie gesagt, Herr Boscheron ?“ „Bitte wiederholen Sie es, Monsieur; Ich bin dir nicht ganz gefolgt.“

„Wirklich, Monsieur Boscheron ? Möglicherweise habe ich mich nicht ganz klar ausgedrückt. Gut gut! Wir werden dort anhalten, wenn Sie möchten. Geben Sie mir, was ich diktiert habe, ich werde es selbst zu Ende bringen.“

Herr Boscheron gibt mir seine Notizen, sammelt seine Papiere ein, verbeugt sich und geht zurück. Als ich allein in meinem Büro zurückbleibe, beginne ich mit einer Art idiotischer Kleinigkeit, die Tapete zu untersuchen. Es sieht aus wie grüner Filz mit hier und da einem gelben Fleck; Ich fange an, kleine Männchen auf mein Papier zu zeichnen; Ich bemühe mich zu schreiben; Denn Tatsache ist, dass mein Chef dreimal um das Rundschreiben gebeten und den Regierungsvertretern versprochen hat, dass es unverzüglich an die Präfekten weitergeleitet wird. Ich bin verpflichtet, es ihm zu überlassen. Ich fange an, es durchzulesen: den *Respekt der Bevölkerung vor Regierungsbeamten zu verringern und sie zu verändern* . Ich mache einen Fleck; dann schmücke ich es mit meinem Stift mit Haaren. Ich verwandle es in einen Kometen. Ich träume von Marguerites Locken. Neulich hoben sich auf den Champs-Élysées kleine goldene Fäden, kleine zarte Spiralen mit einzigartigem Glanz vom Rest ihrer anmutigen Locken ab. Ähnliches findet man in Miniaturen aus dem 15. Jahrhundert, teilweise auch aus früherer Zeit.

Dante sagt in seiner *Vita Nuova*: „Eines Tages, als ich damit beschäftigt war, Engelsköpfe zu zeichnen. . .“ Und jetzt versuche ich, Engelsköpfe auf ein Regierungsrundschreiben zu zeichnen. Kommen Sie jetzt, wir müssen damit weitermachen: *Staatsbedienstete und sie umwandeln – umwandeln* . . . Wie kommt es, dass ich danach einfach kein einziges Wort mehr schreiben kann? Wie kommt es, dass ich immer noch hier träume, so wie ich es immer getan habe, seit ich an jenem Abend auf der Pont de la Concorde mein *Ego von dem wunderschönen Sonnenuntergang wiederentdeckt habe?* Verwandeln, habe ich gesagt? O Gott des Geheimnisses, der Natur, der Wahrheit, wenn sie, deren Namen ich auch jetzt nach vier Jahren nicht auszusprechen wage, wenn sie starb, als sie Marguerite das Leben schenkte, würde ich glauben, ich würde mit der Gewissheit des Instinkts wissen, dass die Seele des dass die Mutter in die Tochter übergegangen sei und dass sie ein und dasselbe Wesen seien.

1. November

Alles ist gut. Ich habe mein *Ego* wieder verloren. Es ist wieder zu den grünen Aktenfällen übergegangen. Nummer 117 enthält einen guten Teil davon. Ich habe mein Rundschreiben fertiggestellt. Es ist im guten offiziellen Stil verfasst. Wir müssen noch vor den Feiertagen ein schönes Gesetz verabschieden. Mein Chef spricht jeden Tag im Repräsentantenhaus. Jeden Abend korrigiere ich die Korrekturen seiner Reden. Wenn der Blaue Vogel mich hin und wieder in der kleinen Halle des Palais Bourbon besucht, dann nur, um mir zu raten, einen etwas zu energischen Ausdruck abzuschwächen, und er wendet sich nie an meine Fantasie. Ich weiß nicht, ob ich glücklich oder unglücklich lebe, da ich nicht weiß, dass ich überhaupt lebe. Ich erkenne nicht einmal meine eigene Kleidung. Ich habe vor einiger Zeit den Hut des Comte de Mérodac in die Hand genommen und ihn drei Tage lang getragen, ohne es zu wissen, und doch ist es ein romantischer Sombrero-ähnlicher Hut, den heutzutage niemand außer diesem älteren Adligen trägt. Ich habe eine erstaunliche Figur gemacht, sagten sie mir, aber ich habe mich selbst nie bemerkt, und wenn ich es zufällig getan hätte, hätte ich nicht darauf geachtet, was ich sah, da es nichts mit Politik zu tun hatte. Ich bin kein Mensch mehr; Ich bin ein Teil der offiziellen Maschine. Heute Abend habe ich weder Korrekturabzüge noch einen offiziellen Empfang, an dem ich teilnehmen muss. Ich habe meine Hausschuhe angezogen. In diesen Hausschuhen ist immer ein kleiner Teil meines *Egos* verborgen. Ich sitze in meinem Zimmer am Feuer und bin mir bewusst, dass ich dort bin. Beim Himmel, ich frage mich, ob ich mich selbst im Glas erkennen sollte. Werfen wir einen Blick. Summen! nicht so sehr ... Ich hätte nicht gedacht, dass ich so ernst und respektabel aussehe. Ich sehe durchaus ein, dass ich mich selbst ernst nehmen muss. Ich habe lange darüber nachgedacht, aber dann war es nicht meine Aufgabe, damit anzufangen.

Ich bin ein Mann von Gewicht und ich halte mich auch für einen solchen. Aber leider weiß ich es selbst nicht. Und es liegt mir nicht am Herzen, mir das Wissen anzueignen; es wäre eine mühsame Angelegenheit. Nein, ich habe nicht die geringste Lust, mich mit dem ernsten und kalten Herrn zu unterhalten, der alle meine Bewegungen nachahmt. Andererseits hätte ich es nur gewagt, was für eine glückliche Zeit ich mit diesem kleinen Kerl haben würde, dessen Miniatur ich dort in dem Medaillon sehe, das am Rahmen des Spiegels hängt. Er baut ein Haus mit Dominosteinen. Was für ein netter kleiner Kerl. Am liebsten würde ich ihn anrufen und sagen: „Lass uns zusammen ein Spiel spielen, oder?" Aber leider ist er weit weg, sehr weit weg. Dieser kleine Junge bin ich selbst, wie ich vor vierzig Jahren war. Er ist tot, genauso tot, als ob ich unter der Grasnarbe liegen würde, versiegelt in einem bleiernen Sarg. Denn was haben wir gemeinsam, er und ich? In welcher

Hinsicht lebt er heute in mir fort? Inwiefern ähneln meine Kartenburgen seinem Dominoturm?

Wir sagen, wir elenden Wesen leben, weil wir immer wieder sterben.

Ich erinnere mich zwar, wie ich eines Abends meine Spiele spielte, als meine Mutter nähend am Tisch saß und mich hin und wieder mit einem Blick ansah, der von der schönen und einfachen Zärtlichkeit erfüllt war, die einen das Leben lieben lässt Gott segne ihn und gibt einem genug Mut, um Dutzende Schlachten zu schlagen. Ach ja, heilige Erinnerungen, ich werde dich in meinem Herzen wie einen kostbaren Balsam bewahren, der, bis meine Tage zu Ende sind, die Kraft haben wird, alle Bitterkeit zu lindern und die Qual des Todes selbst zu mildern. Aber überlebt das Kind, das ich damals war, heute in mir? Nein. Er ist mir fremd; Ich habe das Gefühl, dass ich ihn ohne Selbstsucht lieben und um ihn weinen kann, ohne unmännlich zu sein.

Er ist tot und verschwunden und hat meine unschuldigen Einfachheiten und meine grenzenlosen Hoffnungen mit sich genommen. Wir alle sterben in Windeln. Kleine Marguerite, dieses entzückende Bild des sich entfaltenden Lebens, wie oft ist sie nicht gestorben und welch tiefe Tiefen unwiderruflicher Erinnerungen, welch ein Grab toter Gedanken und Gefühle wurde nicht schon in ihr ausgegraben, obwohl sie erst fünf Jahre alt ist. Ich, ein Fremder, ein Passant, weiß mehr über ihr Leben als sie und bin daher wahrer sie als sie selbst. Danach lass denjenigen, der über das Gefühl der Identität und das Bewusstsein seines Selbst schwärmen möchte.

Oh, gnädiger Himmel, was für Dinge sind wir Sterblichen und in was für einen Abgrund von Schrecken würden wir für immer stürzen, wenn wir nur Zeit zum Nachdenken hätten, anstatt Gesetze zu erlassen oder Kohl anzupflanzen. Am liebsten würde ich mir die Pantoffeln ausziehen und aus dem Fenster werfen, denn sie haben mich ins Bewusstsein meiner Existenz zurückgerufen. Unser Leben ist nur erträglich, wenn wir nicht darüber nachdenken.

5. Juli

Heute ist es ein Jahr her, seit ich vor einem Spielzeugladen auf den Champs-Élysées diesem kleinen Mädchen begegnet bin, dem Kind von ihr, die in mir zum ersten Mal den Sinn für Schönheit geweckt hat.

Ich war glücklich, bevor ich sie sah; aber die Poesie der weiten Welt war mir unbekannt, und ich hatte auch keine Erfahrung mit den schmerzlichen Freuden der Liebe. Das erste Mal sah ich Marie an einem Karfreitag bei einem klassischen Konzert, zu dem ihr Vater, ein alter Diplomat mit einer Leidenschaft für Musik, der die besten Orchester aller Höfe Europas gehört hatte, sie in stattlicher, feierlicher schwarzer Kleidung dirigiert hatte . Ihr Trauergewand unterstrich nur ihre strahlende Schönheit. Ihr Anblick weckte in mir Gefühle, die, glaube ich, einer religiösen Verherrlichung sehr ähnlich waren. Ich war nicht mehr sehr jung. Die Ungewissheit meiner weltlichen Stellung, die damals von den Wechselfällen einer politischen Partei abhängig war, gepaart mit meiner natürlichen Schüchternheit beraubte mich jeder Hoffnung, als erfolgreicher Bewerber zu gelten. Ich sah sie oft bei ihrem Vater und sie behandelte mich mit einer offenen Freundlichkeit, die mich nicht zu höheren Ambitionen ermutigte. Es war klar, dass ich sie nicht als die Sorte Mann beeindruckte, in die sie sich verlieben konnte. Was mich betrifft, so lösten ihr Anblick und der Klang ihrer Stimme in mir einen Zustand köstlicher Aufregung aus, dass die bloße Erinnerung daran, wenn auch mit Trauer vermischt, immer noch dazu beiträgt, mich in das Leben zu verlieben.

Dennoch, soll ich es gestehen? Ich sehnte mich immer danach, sie zu hören und zu sehen; Ich wäre vor Freude an ihrer Seite gestorben, aber ich hatte nie Lust, sie zu heiraten. Nein, ein Instinkt der Harmonie hielt das Verlangen von meinem Herzen fern. „Damals war es keine Liebe", wird jemand sagen. Ich weiß nicht, was es war, aber ich weiß, dass es meine Seele erfüllte.

Es ist jedoch klar, dass die Gefühle, die ich erlebte, für das Herz des Menschen nicht fremd gewesen sein können, da ich sie in den Werken der Dichter, bei Virgil, bei Racine und Lamartine, mit Kraft und Süße zum Ausdruck gebracht habe. Sie haben den Gefühlen Ausdruck verliehen, die ich nur gespürt habe. Ich konnte das Schweigen nicht brechen. Die Wunder, die dieses junge Mädchen in meiner Seele bewirkt hat, werden für immer verborgen bleiben. Zwei Jahre lang führte ich ein verzaubertes Leben; Dann erzählte sie mir eines Tages, dass sie heiraten würde. Meine Gefühle haben, wie gesagt, eine starke Ähnlichkeit mit religiösen Emotionen. Sie sind traurig, aber in ihrer Traurigkeit bewahren sie dennoch ihren Charme. Trauer verdirbt sie nicht. Aus dem Leiden schöpfen sie eine heilsame Bitterkeit, die ihnen Kraft verleiht. Ich habe ihr mit dem sanften Mut zugehört, der mit der

Entsagung einhergeht. Sie heiratete einen Mann, der älter war als ich, einen Witwer, fast schon ein alter Mann, dessen Geburt und Vermögen ihn für die öffentliche Karriere prädestiniert hatten, in der er ein hochmütiges Wesen und viel unangebrachten Mut an den Tag gelegt hatte. Obwohl ich mich in einer niedrigeren Sphäre bewegte, kam ich bei mehreren wichtigen Gelegenheiten mit ihm in Kontakt. Ich gehörte einer politischen Gruppe an, deren Ansichten den seinen sehr ähnelten, aber wir hatten uns nie ohne nennenswerte Spannungen treffen können, und obwohl die Zeitungen uns mit der gleichen Zustimmung oder, was häufiger vorkam, mit der gleichen Feindseligkeit behandelten, Wir waren keine Freunde, ganz im Gegenteil, und gingen einander mit größter Sorgfalt aus dem Weg.

Ich war bei der Hochzeit anwesend. Ich sah Marie, und ich werde es immer wieder sehen, in ihrem weißen Kleid und Spitzenschleier. Sie war ein wenig blass und sehr hübsch. Ich war ohne ersichtlichen Grund beeindruckt von der Zerbrechlichkeit, die dieses Mädchen, das von einer so poetischen Seele beseelt war, zu vermitteln schien. Dieser Eindruck, der meiner Meinung nach niemand außer mir selbst hatte, war nur zu begründet. Ich habe Marie nie wieder gesehen.

Sie starb nach drei Jahren Ehe und hinterließ ein kleines Mädchen im Alter von zehn Monaten. Ein unbeschreibliches Gefühl zärtlicher Zuneigung hat mich immer zu diesem Kind, zu Maries Marguerite, hingezogen. Ein unstillbarer Wunsch, sie zu sehen, erfasste mich.

Sie wuchs in der Nähe von Melun auf, wo ihr Vater ein Schloss inmitten eines herrlichen Parks hatte. Eines Tages ging ich zu – und irrte stundenlang wie ein Dieb am Parkrand umher . Endlich erblickte ich durch eine Lücke in den Bäumen Marguerite in den Armen ihrer schwarz gekleideten Amme. Sie trug einen Hut mit weißen Federn und einem bestickten Pelz. Ich kann nicht sagen, in welcher Hinsicht sie sich von jedem anderen Kind unterschied, aber ich dachte, sie sei das Schönste auf der Welt. Es war Herbst. Der Wind, der in den Bäumen seufzte, wirbelte die toten Blätter in kleinen Wirbeln herum, während sie auf die Erde schwebten. Abgestorbenes Laub bedeckte die lange Allee, auf der das kleine, weiß gekleidete Kind auf und ab getragen wurde. Eine ungeheure Traurigkeit erfasste mich. Am Rande eines Blumenbeets, so weiß wie das Gewand von Marguerite, begrüßte ein alter Gärtner, der die abgefallenen Blätter aufsammelte, lächelnd seine kleine Herrin und sprach mit der Hand auf der Rechen und dem Hut in der Hand zu ihr die sanfte Fröhlichkeit alter Männer, die nicht mit ihren Gedanken überlastet sind. Aber sie schenkte ihm keine Beachtung. Mit ihrer kleinen Hand wie ein Stern suchte sie die Brust ihrer Amme. Als ich mit Trauer im Herzen davoneilte, setzte die Krankenschwester ihren Spaziergang fort und ich hörte das Geräusch der toten Blätter, die unter ihren Schritten traurig seufzten.

10. Juli

Der Präsident der Kammer erhebt sich und sagt: „Der Antrag der Herren ———— und ———— ist nun gestellt."

Der Premierminister sagt, ohne seinen Sitz aufzugeben: „Die Regierung stimmt dem Antrag nicht zu."

Der Präsident klingelt und sagt: „Es wurde eine Abstimmung gefordert. Daher wird es eine Abstimmung geben. Diejenigen, die den Antrag der Herren ———— und ——— — befürworten , müssen ein weißes Papier in die Urne legen; diejenigen, die dagegen sind, ein blaues Papier."

Es herrschte große Bewegung im Saal. Die Abgeordneten strömten in einem ungeordneten Mob in die Korridore, während die Platzanweiser die weiße Metallurne über die Sitzreihen reichten. Die Korridore waren erfüllt von schlurfenden Füßen und schreienden und gestikulierenden Menschen. Ernst aussehende junge Männer und aufgeregte alte gingen vorbei. Die Luft war erfüllt vom Klang von Stimmen, die Gestalten riefen:

„Elf Stimmen."

„Nein, neun."

„Sie werden überprüft."

„Acht dagegen."

"Nein überhaupt nicht; acht für."

„Was, der Änderungsantrag wird angenommen?"

"Ja."

„Die Regierung ist geschlagen?"

"Ja."

"Ah!"

Auf den Fluren ertönt die Glocke des Präsidenten.

Langsam füllt sich der Saal wieder.

Der Präsident steht mit einem Papier in der Hand auf und klingelt zum letzten Mal und sagt:

„Das Folgende ist das Ergebnis der Abstimmung über den von den Herren ———— und ———— vorgeschlagenen Antrag. Anzahl der Stimmen 470; für den Antrag 239; gegen 231. Der Antrag wird angenommen."

Die Sensation ist riesig. Die Minister stehen auf und verlassen ihre Plätze. Zwei oder drei Freunde schütteln ihnen schüchtern die Hand. Es ist alles vorbei, sie sind geschlagen. Sie gehen unter und ich mit ihnen. Ich zähle nicht mehr. Ich entscheide mich dafür. Zu sagen, dass ich glücklich bin, würde zu weit gehen. Aber es bedeutet das Ende meiner Sorgen, Mühen und Mühen. Ich habe meine Freiheit wiedererlangt, aber nicht freiwillig. Ruhe und Freiheit, ich habe sie wiedergewonnen, aber ich verdanke sie meiner Niederlage. Es ist zwar eine ehrenvolle Niederlage, aber dennoch schmerzhaft, weil unsere Ideen mit uns selbst leiden. Wie viele Dinge sind leider an unserem Untergang beteiligt. Wirtschaft, öffentliche Sicherheit, Gewissensruhe und jener Geist der Besonnenheit, diese Kontinuität der Politik, die einer Nation ihre Stärke verleiht. Ich eilte davon, um dem Chef meiner Abteilung die Hand zu schütteln, stolz darauf, einem so aufrichtigen Führer treue Dienste geleistet zu haben. Dann drängte ich mich durch die Menschenmenge, die sich um den Bereich des Palais Bourbon versammelt hatte, überquerte die Seine und ging langsam auf die Madeleine zu. Am Ende des Boulevards befand sich neben dem Bordstein ein Hügel voller Blumen . Zwischen den beiden Schächten befand sich ein junges Mädchen, das Veilchensträuße formte. Ich ging zu ihr und bat sie um einen Haufen. Dann sah ich ein kleines Mädchen von vier Jahren, das auf dem Karren inmitten der Blumen saß. Mit ihren kleinen Fingern versuchte sie, wie ihre Mutter Sträuße zu formen. Als ich mich näherte, hob sie den Kopf und hielt mir lächelnd alle Blumen hin, die sie in den Händen hielt. Als sie mir alle gegeben hatte, warf sie mir Küsschen zu.

Ich fühlte mich äußerst geschmeichelt. „Ich muss freundlich aussehen", sagte ich mir, „damit ein Kind mich so willkommen lächelt. Wie heißt du?" Ich fragte sie.

„Marguerite", antwortete ihre Mutter.

Es war halb sechs. In der Nähe gab es einen Zeitungsverkäufer. Ich habe eine Zeitung gekauft. Sobald ich einen Blick darauf warf, sah ich, dass mir eine Umstellung bevorstand. Der politische Redakteur bezeichnete meinen Chef als eine Person mit einem schlechten Omen und sprach auf der ersten Seite auch von mir als einer finsteren Kreatur. Aber nach Marguerites Küssen konnte ich es nicht glauben. Ich fühlte gleichzeitig eine Leichtigkeit und eine Art Leere in meinem Herzen; sowohl froh als auch traurig.

Eine Woche später war ich auf dem Weg nach ——— in der Nähe von Melun, wo ich ein kleines Haus direkt neben dem Schloss von Marguerites Erziehung bezogen hatte. In meinen Augen war es die fairste Region der Welt.

Als wir uns dem Bahnhof näherten , schaute ich aus dem Waggonfenster. Der silberne Fluss floss in anmutigen Kurven zwischen Weiden, bis er aus dem Blickfeld verschwand. Doch noch lange nachdem es aus dem Blickfeld verschwunden war, konnte man seinen Verlauf anhand der Pappelreihen, die seine Ufer säumten, erahnen. Ein Wetterhahn und zwei Türme, die zwischen den Bäumen sichtbar waren, markierten den Standort der Stadt. Dann rief ich aus: „Hier ist die Ruhestätte für mich, hier werde ich mein Haupt niederlegen."

25. Juli

Der Spaziergang, den ich am liebsten mag, ist der Spaziergang nach Saint-Jean, denn dort, etwa hundert Meter von der Stadt entfernt, liegt ein kleiner Wald, oder besser gesagt, eine kleine halbwilde Gruppe von Hainbuchen, Ahornen, Linden und Fliederbüschen, ein Strauß, der murmelt im Wind. Gleich am ersten Tag, als ich es entdeckte, spürte ich seinen Charme. Ich beschloss, damit zu schlafen; Ich beschloss, es Baum für Baum kennenzulernen, seine bescheidensten Pflanzen, seine Wicken, seinen Steinbrech aufzuspüren und zu sehen, ob im Schatten der großen Bäume nicht Salomos Siegel wuchs. Ich habe mein Wort gehalten und beginne nun, die Flora und Fauna meines Wäldchens kennenzulernen. Ich hatte heute eine Stunde lang im Gras gelegen, das Buch in der Hand, als ich jemanden mit schwacher Stimme weinen hörte. Ich schaute auf und sah ein kleines Mädchen, das neben einem älteren Mann stand und weinte. Der Mann war unbestreitbar alt. Sein Gesicht war lang und blass. In seinen Augen lag ein Ausdruck von Traurigkeit und sein Mund senkte sich traurig. Er hatte ein Springseil in der Hand und blickte das Kind starr an. Dann drehte er sich zur Seite, um eine Träne von seiner Wange zu wischen. Da sah ich ihn mit vollem Gesicht und erkannte, dass er Marguerites Vater war. Ich war schockiert über die große Veränderung, die Krankheit und Kummer in seiner hochmütigen Miene bewirkt hatten. Verzweiflung zeichnete sich auf seinem Gesicht ab und er schien um Hilfe zu rufen.

Ich ging auf ihn zu und als Antwort auf mein Angebot, ihm auf jede erdenkliche Weise zu helfen, erklärte er einigermaßen verlegen, dass ein Ball, mit dem sein kleines Mädchen gespielt hatte, in einem Baum hängengeblieben sei und dass sein Stock, den er hatte Er warf ihn hoch, um ihn loszuwerden, und hatte sich in den Zweigen verfangen. Er war am Ende seiner Weisheit.

Nur wenige Jahre zuvor hatte derselbe Mann die Politik Englands umgangen und der französischen Diplomatie in Europa kräftige Impulse gegeben. Dann fiel er ehrenvoll , und bei seinem Ruhestand folgte eine tiefe, aber ehrenvolle Unbeliebtheit. Und nun, siehe, seine Kräfte sind der Aufgabe nicht gewachsen, eine Kugel von einem Baum zu lösen. Das ist die Gebrechlichkeit des Menschen. Was seine Tochter, Maries Tochter, betrifft, so verbot mir eine Art Vorahnung, ihr ins Gesicht zu sehen. Und als ich sie dann endlich ansah, konnte ich mich nicht von einem so traurigen Gegenstand der Betrachtung losreißen. Sie war nicht mehr das kleine rosa-weiße Kind, das ich auf den Champs-Élysées gesehen hatte; Sie war größer und dünner geworden, und ihr Gesicht war blass wie eine Wachskerze. Ihre trägen Augen waren von blauen Ringen umgeben. Und ihre Schläfen. . . Welche unsichtbare Hand hatte diese beiden traurigen Veilchen auf ihre Schläfen gelegt?

"Dort! Dort! Dort!" rief der alte Mann, während er einen zitternden Arm ausstreckte, der ziellos in alle Richtungen zeigte.

Das erste, was wir tun mussten, war, ihm zu helfen. Mit einem Stein, den ich in den Baum warf, gelang es mir bald, den Ball zu Fall zu bringen. X . . . sah mit kindlicher Freude seinen Untergang. Er hatte mich nicht erkannt. Ich flüchtete eilig, um ihm die Mühe zu ersparen, mir und mir selbst für die Qual zu danken, die mit der Veränderung einherging, die bei Maries Tochter stattgefunden hatte.

10. August

Ich gehe selten raus. Die Schönheit der Dinge berührt mich nicht mehr. Oder um es genauer zu sagen: Die angenehmeren und prächtigeren Aspekte der Natur bereiten mir Schmerzen. Den ganzen Tag über beflecke ich ein Blatt Papier nach dem anderen und verzaubere die langweiligen Stunden mit den halb verblassten Erinnerungen an meine Kindheit. Was ich schreibe, wird verbrannt. Ich würde mich schämen, dass tränenüberströmte und traumgeplagte Seiten vor die Augen ernster, nüchtern denkender Menschen fallen. Was würden sie darin sehen? Nichts als Kindergesichter.

20. August

Heute habe ich einen Spaziergang am Fluss gemacht, in dessen blauem Wasser sich die Weiden und die Häuser am Ufer spiegeln. Fließende Gewässer haben einen verführerischen Charme. Sie tragen all jene Müßiggänger mit sich, die es lieben, ihre Zeit zu träumen.

Der Fluss lockte mich bis zum Schloss, das Zeuge der Verlobung und des Todes von Marie und der Geburt von Marguerite war. Mein Herz schlug in mir zusammen, als ich noch einmal diesen friedlichen Aufenthaltsort sah, der trotz der traurigen Szenen, die sich in seinen Mauern abspielten, mit seiner weißen Säulenfassade von nichts anderem als eleganter Opulenz und luxuriöser Ruhe zeugt. Ich war so überwältigt, dass ich mich, um nicht zu fallen, an den Gittern des Parktors festhielt und auf die weiten Rasenflächen blickte, die sich bis zu der Treppe erstreckten, die der Saum von Maries Gewand so oft berührt hatte. Ich war schon einige Minuten dort, als das Tor geöffnet wurde und X ... herauskam.

Auch dieses Mal wurde er von seinem Kind begleitet, aber dieses Mal ging sie nicht. Sie lag in einem Kinderwagen, der von einer Gouvernante geschoben wurde. Mit ihrem Kopf, der auf einem bestickten Kissen im Schatten der heruntergelassenen Kapuze ruhte, ähnelte sie einem dieser kleinen, mit silbernen Filigranarbeiten verzierten Wachsbilder von Heiligen oder Märtyrern, über deren Wunden und Edelsteine die Nonnen Spaniens in der Einsamkeit zu brüten pflegten ihrer Zellen.

Ihr Vater, elegant gekleidet, zeigte ein verblasstes, tränenüberströmtes Gesicht. Er kam mit kleinen, zögernden Schritten auf mich zu, nahm mich bei der Hand und führte mich zu seiner kleinen Tochter.

„Sag mir " , sagte er im Tonfall eines um einen Gefallen bittenden Kindes , „du glaubst nicht, dass sie sich verändert hat, seit du sie das letzte Mal gesehen hast, oder?" Es war der Tag, an dem sie ihren Ball in den Baum warf."

Bois Saint-Jean stehen . Die Gouvernante ließ die Kapuze herunter. Marguerite lag mit zurückgeworfenem Kopf da, ihre Augen waren vor Angst groß und sie streckte ihre Arme aus, um etwas beiseite zu schieben, was wir nicht sehen konnten. Oh, ich habe genau erraten, um welche unsichtbare Hand es sich handelte. Dieselbe Hand, die die Mutter berührt hatte, wurde nun auf das Kind gelegt. Ich fiel auf die Knie. Doch das Phantom verschwand, und Marguerite ruhte friedlich da und hob den Kopf. Ich sammelte ein paar Blumen und legte sie ehrfürchtig neben sie. Sie lächelte. Als ich sah, wie sie wieder zum Leben erwachte, schenkte ich ihr weitere Blumen und sang ihr vor, in dem Versuch, sie zu betören. Die Luft und das

Glücksgefühl, das sie nun empfand, brachten in ihr den Lebenswillen zurück, der sie verlassen hatte. Nach einer Stunde waren ihre Wangen fast rosig. Als es kühl wurde und wir das kleine leidende Kind wieder ins Schloss bringen mussten, nahm ihr Vater beim Abschied meine Hand und sagte, indem er sie drückte, in flehender Stimme:

„Kommen Sie morgen wieder.“

21. August

Ich kam am nächsten Tag zurück. Auf den Stufen des Empire- Schloss begegnete ich dem Hausarzt. Er ist ein hagerer, älterer Mann, den man überall dort trifft, wo gute Musik zu hören ist. Er scheint ein Mann zu sein, der ständig den Harmonien eines inneren Konzerts lauscht. Er ist für immer im Bann der Geräusche und lebt allein von seinem Ohr. Besonders bekannt ist er für die Behandlung nervöser Beschwerden. Manche sagen, er sei ein Genie; andere, dass er verrückt ist. Sicherlich ist etwas Eigenartiges an ihm. Als ich ihn sah , kam er die Stufen herunter; seine Füße, sein Finger und seine Lippen bewegen sich im Takt in einem komplizierten Maß.

„Nun, Herr Doktor", sagte ich mit unwillkürlichem Zittern in der Stimme, „und wie geht es Ihrem kleinen Patienten?"

„Sie will leben", antwortete er.

„Du wirst sie für uns durchziehen, nicht wahr?" sagte ich eifrig.

„Ich sage dir, sie will leben."

„Und Sie denken, Herr Doktor, dass die Menschen nur so lange leben, wie sie wirklich wollen, und dass wir nur mit unserem eigenen Einverständnis sterben?"

"Sicherlich."

Ich ging mit ihm den Schotterweg entlang. Er blieb einen Moment am Tor stehen und senkte den Kopf, als wäre er nachdenklich.

„Sicher", sagte er noch einmal, „aber sie müssen es wirklich wollen und dürfen nicht nur denken, dass sie es wollen." Bewusster Wille ist eine Illusion, die niemanden außer den Vulgären täuschen kann. Menschen, die glauben, dass sie etwas wollen, weil sie sagen, dass sie es wollen, sind Dummköpfe. Der einzige echte Willensakt ist der, an dem alle dunklen Kräfte unserer Natur beteiligt sind. Dieser Wille ist unbewusst, er ist göttlich. Es prägt die Welt. Durch sie existieren wir, und wenn sie versagt, hören wir auf zu sein. Die Welt *will* , sonst gäbe es sie nicht."

Wir gingen ein paar Schritte weiter.

„Sehen Sie", rief er und tippte mit seinem Stock gegen die Rinde einer Eiche, die ihr breites Blätterdach aus grauen Ästen über unseren Köpfen ausbreitete, „wenn dieser Kerl da nicht gewollt hätte zu *wachsen* , würde ich gerne wissen, welche Macht das könnte." habe ihn dazu gebracht."

Aber ich hatte aufgehört zuzuhören.

„ Sie hoffen also ", sagte ich schließlich, „dass Marguerite …" . ."

Aber er war ein sturer kleiner alter Kerl.

Als er wegging, murmelte er: „Der krönende Sieg des Willens ist die Liebe."

Und ich stand da und sah ihm zu, wie er mit kleinen, schnellen Schritten ging und dabei den Takt zu einer Melodie schlug, die ihm im Kopf herumging.

Ich ging schnell zurück zum Schloss und fand die kleine Marguerite. Als ich sie sah, wurde mir klar, dass sie den Willen zum Leben hatte. Sie war immer noch sehr blass und sehr dünn, aber ihre Augen hatten mehr Farbe und waren nicht mehr so groß, und ihre Lippen, die in letzter Zeit so tot und so schweigsam aussahen, waren voller geschwätziger Worte.

„Du bist zu spät", sagte sie. „Komm her, sieh! Ich habe ein Theater und Schauspieler. Spielen Sie mir ein schönes Stück vor. Sie sagen, dass „Hop o' my Thumb" nett ist. Spielen Sie „Hop o' my Thumb" für mich."

Sie können sicher sein, dass ich nicht abgelehnt habe. Gleich zu Beginn meines Vorhabens stieß ich jedoch auf große Schwierigkeiten. Ich machte

Marguerite darauf aufmerksam, dass die einzigen Schauspieler, die sie hatte, Prinzen und Prinzessinnen waren und dass wir Holzfäller, Köche und eine gewisse Anzahl von Leuten aller Art brauchten.

Sie dachte einen Moment nach und sagte dann:

„Ein Prinz, gekleidet wie ein Koch; Der da sieht aus wie ein Koch, finden Sie nicht?"

"Ja glaube ich auch."

„Na dann machen wir aus allen Prinzen, die wir haben, Holzfäller und Köche."

Und genau das haben wir getan. O Weisheit, was für einen Tag haben wir zusammen verbracht!

Viele andere wie es folgten seinem Gefolge. Ich sah, wie Marguerite ihr Leben immer fester in den Griff bekam. Mittlerweile geht es ihr wieder ganz gut. Ich hatte Anteil an diesem Wunder. Ich entdeckte einen winzigen Teil der Gabe, die die Apostel so reichlich schenkten, als sie Kranke durch Handauflegen heilten.

Anmerkung des Herausgebers : Ich habe dieses Manuskript in einem Zug der Northern Railway gefunden. Ich gebe es der Öffentlichkeit unverändert weiter, mit der Ausnahme, dass ich es für gut gehalten habe, sie zu unterdrücken, da es sich um die Namen bekannter Personen handelte.

Anatole Frankreich.